Abécédaire
chrétien

963

ABÉCÉDAIRE

CHRÉTIEN

———◆———

MELLE
IMPRIMERIE DE CH. MOREAU, LIBRAIRE
—
1855

TABLE DE MULTIPLICATION.

2 fois	2 font -	4	5 —	5 —	25
2 —	3 —	6	5 —	6 —	30
2 —	4 —	8	5 —	7 —	35
2 —	5 —	10	5 —	8 —	40
2 —	6 —	12	5 —	9 —	45
2 —	7 —	14	5 —	10 —	50
2 —	8 —	16			
2 —	9 —	18	6 —	6 —	36
2 —	10 —	20	6 —	7 —	42
			6 —	8 —	48
3 —	3 —	9	6 —	9 —	54
3 —	4 —	12	6 —	10 —	60
3 —	5 —	15			
3 —	6 —	18	7 —	7 —	49
3 —	7 —	21	7 —	8 —	56
3 —	8 —	24	7 —	9 —	63
3 —	9 —	27	7 —	10 —	70
3 —	10 —	30			
			8 —	8 —	64
4 —	4 —	16	8 —	9 —	72
4 —	5 —	20	8 —	10 —	80
4 —	6 —	24			
4 —	7 —	28	9 —	9 —	81
4 —	8 —	32	9 —	10 —	90
4 —	9 —	36			
			10 —	10 —	100

— 3 —

LETTRES MAJUSCULES.

A B C D E F
G H I J K L
M N O P Q
R S T U V
X Y Z W

VOYELLES.

A E I O U Y

Æ OE

CHIFFRES.

1 2 3 4 5 6 7 8 9 0

LETTRES MINUSCULES.

a b c d e f g h
i j k l m n o p
q r s t u v x y z
w . , ; : ! ?

VOYELLES.

a e é è ê i o ú y œ

QUESTIONNAIRE.

b p a f v u i r v b
z k l r m g h t d e
q k é s c x s y o d
f p t q j ê m n j u
z o l y h i b è g
10 11 12 13 14 15 16 17 18 19

CONSONNES SUIVIES D'UNE VOYELLE.

ba	be	bi	bo	bu	ba-vu-re
ca	cé	ci	co	cu	co-lè-re
da	de	di	do	du	di-vi-ni-té
fa	fe	fi	fo	fu	fa-ci-le
ga	ge	gi	go	gu	ga-ge
ha	he	hi	ho	hu	hu-mi-de
ja	je	ji	jo	ju	ju-ge, jo-li
ka	ke	ki	ko	ku	ki-lo
la	le	li	lo	lu	la-me, li-re
ma	me	mi	mo	mu	mo-ra-le
na	ne	ni	no	nu	na-vi-re
pa	pe	pi	po	pu	pu-re-té
qua	que	qui	quo		qua-li-té
ra	re	ri	ro	ru	ra-pi-de
sa	se	si	so	su	so-li-tu-de
ta	te	ti	to	tu	tu-be, tê-te
va	ve	vi	vo	vu	va-li-de
xa	xe	xi	xo	xu	fi-xa, ri-xe
ya	ye		yo	yu	yo-le
za	ze	zi	zo	zu	zo-ne, zé-ro

20 21 22 23 24 25 26 27 28 29

VOYELLES SUIVIES D'UNE CONSONNE.

ab	eb	ib	ob	ub	ab-so-lu
ac	ec	ic	oc	uc	oc-cu-pa
ad	ed	id	od	ud	ad-ju-gé
af	ef	if	of	uf	ef-fé-mi-né
ag	eg	ig	og	ug	ig-ni-fè-re
al	el	il	ol	ul	il-lu-mi-né
am	em	im	om	um	em-pi-re
an	en	in	on	un	in-ci-vi-le
ap	ep	ip	op	up	ap-pa-ru
ar	er	ir	or	ur	or-ge, ur-ne
as	es	is	os	us	es-pé-ra
at	et	it	ot	ut	at-ti-ra
ax	ex	ix	ox	ux	ex-ta-se
az	ez	iz	oz	uz	hu-ez

QUELQUES SYLLABES DE TROIS LETTRES.

cab bal bec dol dit dif roc
mur dor nel sam xem pin rap
mon ver for dur cas jus gat
fit rat mix nez xil bon tôt
par sol lat but can fer mir
30   31   32   33   34   35   36   37   38   39

CONSONNES COMPOSÉES.

bl br cl cr dr fl fr gl gr pl
pr ps sc scr sp spl st str tr vr
ch chr gn ph phr rh th ill

CONSONNES COMPOSÉES SUIVIES D'UNE VOYELLE.

bla	ble	bli	blo	blu	as-sem-blée
bra	bre	bri	bro	bru	bri-se-ra
cla	cle	cli	clo	clu	clô-tu-re
cra	cre	cri	cro	cru	cru-ci-fi-é
dra	dre	dri	dro	dru	dra-me
fla	fle	fli	flo	flu	fle-xi-ble
fra	fre	fri	fro	fru	fri-tu-re
gla	gle	gli	glo	glu	é-tran-glé
gra	gre	gri	gro	gru	gra-vi-té
pla	ple	pli	plo	plu	plu-me, pli
pra	pre	pri	pro	pru	pro-pre
psa	pse	psi	pso	psu	psal-mis-te
sca	sce	sci	sco	scu	scan-da-le
scra	scre	scri	scro	scru	scru-ter
spa	spe	spi	spo	spu	spi-ri-tu-el
spla	sple	spli	splo	splu	splen-di-de

(8)

CONSONNES COMPOSÉES SUIVIES D'UNE VOYELLE.

sta ste sti sto stu | sta-bi-li-té
stra stre stri stro stru | stro-phe
tra tre tri tro tru | trô-ne
vra vre vri vro vru | chè-vre
cha che chi cho chu | chi-ca-ne
chra chre chri chro chru | chro-ni-que
gna gne gni gno gnu | ga-gne-ra
pha phe phi pho phu | phi-lo-so-phe
phra phre phri phro phru | cam-phre
rha rhe rhi rho rhu | rhu-bar-be
tha the thi tho thu | thé-â-tre
illa ille illi illo illu | fa-mi-lle

VOYELLES COMPOSÉES, DIPHTHONGUES ET VOYELLES NAZALLES.

ai aie au eau ei eu ou œu
oi ia ie io — an in on un

---

ca co cu — ga go gue
ça ço çu — gea geo geu
ail tion ti-on

por-tail por-tions por-ti-on

50 51 52 53 54 55 56 57 58 59

MOTS A ÉPELER.

bon-heur	four-naux
blâ-maient	stri-dent
cha-peau	hec-ta-re
boi-teux	com-pren-dre
chré-tien	sain-te-té
ca-res-se	ins-pi-rait
for-ça	vic-ti-me
qua-li-té	bois-seau
gor-gea	cor-rom-pre
ga-geu-re	œu-vre.
ba-gne	choi-sir
en-sei-gna	bap-ti-ser
par-fum	sou-ve-rain
im-po-tent	trans-pi-rer
in-fi-dè-le	li-vrai-son
phar-ma-cie	cru-au-té
ai-gui-ser	dis-ci-ple
im-po-li	ex-cel-lent
em-ploi	en-fant

60 61 62 63 64 65 66 67 68 69

MOTS A ÉPELER.

rhi-no-cé-ros	sys-tè-me
con-so-la-ti-on	ex-cu-se
ré-par-ti-ti-on	pha-re
sur-mon-tions	ger-çu-re
ré-demp-teur	bri-que
bien-fai-san-ce	phy-si-que
ré-sur-rec-ti-on	tau-pe
ec-clé-si-as-ti-que	tim-ba-le
gou-ver-nail	ba-lei-ne
mo-nu-men-tal	tem-ple
dé-ci-si-on	tra-vail
ac-ca-pa-reur	é-tei-gnoir
ex-pé-di-tif	vi-nai-gre
a-bo-mi-na-ble	sur-seoir
é-ton-ne-ment	mo-ka
sen-si-ble-ment	é-qua-teur
dif-fi-cul-té	di-xai-ne
af-fa-bi-li-té	ig-ni-ti-on
af-flic-ti-on	é-cho
con-ten-te-ment	wis-ki

70 71 72 73 74 75 76 77 78 79

EXERCICES D'ÉPELLATION.

Dieu a tel-le-ment ai-mé le mon-de, qu'il a don-né son fils u-ni-que, a-fin que qui-con-que croit en lui ne pé-ris-se point, mais qu'il ait la vie é-ter-nel-le. (Jean, III, 16.)

Le fils de l'hom-me est ve-nu cher-cher et sau-ver ce qui é-tait per-du. (Luc, XIX, 10.)

Crois au Sei-gneur Jé-sus-Chist et tu se-ras sau-vé. (Actes, XVI, 31.)

Il a é-té li-vré pour nos of-fen-ses et il est res-sus-ci-té pour no-tre jus-ti-fi-ca-ti-on. (Rom. IV, 25.)

Si quel-qu'un a pé-ché, nous a-vons un a-vo-cat au-près du Pè-re, sa-voir, Jé-sus-Christ, le jus-te. (I Jean, II, 1.)

En-fants o-bé-is-sez à vos

80 81 82 83 84 85 86 87 88 89 90

pè-res et à vos mè-res en tou-tes cho-ses, car ce-la est a-gré-a-ble au Sei-gneur.(Col.III,20)

Cher-chez pre-mi-è-re-ment le ro-yau-me de Dieu et la jus-ti-ce. (Matthieu, VI, 33.)

On pré-sen-ta à Jé-sus de pe-tits en-fants, a-fin qu'il les tou-chât; mais les dis-ci-ples re-pre-naient ceux qui les pré-sen-taient.

Et Jé-sus vo-yant ce-la, il en fut in-di-gné et leur dit : Lais-sez ve-nir à moi ces pe-tits en-fants et ne les em-pê-chez point; car le ro-yau-me de Dieu est pour ceux qui leur res-sem-blent.

Je vous dis en vé-ri-té que qui-con-que ne re-ce-vra pas le ro-yau-me de Dieu com-me un pe-tit en-fant, n'y en-tre-ra point.

Et les a-yant pris en-tre ses bras, il leur im-po-sa les mains et les bé-nit. (Marc, X, 13.)

Tous ceux qui me di-sent : Sei-gneur, Sei-gneur, n'en-tre-ront pas tous au ro-yau-me des cieux ; mais ce-lui-là seu-le-ment qui fait la vo-lon-té de mon Pè-re qui est dans les cieux. (Matth. VII, 21.)

Ser-vi-teurs o-bé-is-sez a-vec crain-te et trem-ble-ment, et dans la sim-pli-ci-té de vo-tre cœur, à ceux qui sont vos maî-tres se-lon la chair, com-me à Christ ; ne les ser-vant pas seu-le-ment sous leurs yeux, com-me si vous ne pen-siez qu'à plai-re aux hom-mes, mais fai-sant de bon cœur la vo-lon-té de Dieu, com-me ser-vi-teur de Christ. (Eph. VI, 5-6.)

Et vous, maî-tres, u-sez-en de mê-me en-vers eux, et mo-dé-rez les me-na-ces, sa-chant que vous a-vez, aus-si bien qu'eux, le mê-me Maî-tre dans le ciel, et que de-vant lui il n'y a point d'ac-cep-tion de per-son-nes. (Eph. VI. 9.)

Tou-te l'É-cri-tu-re est di-vi-ne-ment ins-pi-rée, et u-ti-le pour en-sei-gner, pour con-vain-cre, pour cor-ri-ger, pour ins-trui-re dans la jus-tice; a-fin que l'hom-me de Dieu soit ac-com-pli, et par-fai-te-ment pro-pre pour tou-te bon-ne œu-vre. (II Thim. III, 16-17.)

Qui-con-que hait son frè-re est meur-tri-er, et vous sa-vez qu'au-cun meur-tri-er n'a la vie é-ter-nel-le. (I Jean, III, 15.)

Jé-sus peut tou-jours sau-ver ceux qui s'ap-pro-chent de Dieu par lui é-tant tou-jours vi-vant pour in-ter-cé-der pour eux. Car il nous é-tait con-ve-na-ble d'a-voir un tel sou-ve-rain Sa-cri-fi-ca-teur, qui fût saint, in-no-cent, sans souil-lu-re, sé-pa-ré des pé-cheurs et é-le-vé au-des-sus des cieux. (Héb. VII, 25-26.)

Il n'y a point de sa-lut en au-cun au-tre *que Jé-sus-Christ;* car aus-si il n'y a sous le ciel au-cun au-tre nom qui ait é-té don-né aux hom-mes, par le-quel nous de-vions ê-tre sau-vés. (Act. IV, 12.)

Le sang de Je-sus-Christ nous pu-ri-fi-e de tout pé-ché. (I Jean, I, 7.)

Abs-te-nez-vous de tout ce

qui a quel-que ap-pa-ren-ce de mal. (I Thess. V, 22.)

LECTURES COURANTES.

LE ZÈLE DONNE DU COURAGE.

Un des maîtres d'une école du dimanche se disposait, un certain dimanche, à se rendre à son poste, dans un village assez éloigné; mais, trouvant qu'il faisait très-froid, et que les chemins étaient couverts d'une neige épaisse, il se détermina à aller voir, dans son voisinage, comment se portait une pauvre famille dont les enfants faisaient partie de son école. En entrant, il aperçut un des enfants qui se préparait à s'y rendre: le pauvre petit n'avait ni bas ni souliers à mettre ; mais pour y suppléer, il se cousait aux pieds quelques vieux lambeaux de drap, bien décidé à traverser les neiges dans cet équipage, plutôt que de manquer l'école, qui cependant était à près d'une demi-lieue de là. Ce même enfant ne savait pas ses lettres quand il est entré à l'école, et maintenant il s'est acheté un nouveau testament qu'il est en état de lire. La conduite de cet excellent enfant n'est-elle pas bien propre à faire honte à tant d'autres écoliers qui ne sont jamais plus contents que lorsqu'ils trouvent un prétexte pour ne pas aller à l'école ?

NOBLE CONDUITE

DE BRUCE, LE VOYAGEUR.

Lorsque Bruce, l'infatiguable voyageur arriva en Abyssinie, l'un des gouverneurs lui envoya, selon la coutume du pays, douze chevaux sellés et bridés, en le priant d'en choisir un pour son usage particulier. Le palefrenier qui les conduisait conseilla à Bruce d'en prendre un qu'il lui indiqua, l'assurant que c'était un excellent animal, très doux et sûr à tous les égards. Mais il se trouva que c'était, au contraire, un cheval fort vicieux, et que le palefrenier, qui le connaissait bien, l'avait indiqué dans une mauvaise intention. Il n'en arriva cependant aucun mal au voyageur, qui était excellent cavalier, et qui parvint à dompter sa monture, après une lutte assez longue et très fatigante. Le gouverneur exprima son étonnement et son chagrin de ce qui venait de se passer et protesta de la manière la plus solennelle de son innocence, ajoutant que le palefrenier était déjà dans les fers, et qu'on ne tarderait pas à le mener au supplice. — Monsieur, répondit Bruce, puisque cet homme a attenté à ma vie, d'après les lois du pays, c'est à moi qu'il appartient de le juger. — Cela est vrai, reprit le gouverneur; vous pouvez si vous le voulez, le faire tailler en pièces et donner son corps aux vautours. — Êtes-vous bien sincère dans ce que vous dites là, demanda Bruce, et ne vous excuserez-vous pas ensuite? Le gouverneur lui jura que non. — Hé bien, continua Bruce, je suis chrétien ; ma religion m'ordonne de punir mes ennemis en leur rendant le bien pour le mal ; c'est pourquoi je désire que vous teniez le serment que vous venez de me prêter. Je vous prie de libérer cet homme, et de lui laisser la place qu'il occupait auparavant, car il ne vous a manqué en aucune manière. » De si nobles sentiments parurent plaire à ceux qui étaient présents, et l'un d'eux ne put se retenir, et, se tournant vers le gouverneur, il s'écria : « Ne vous avais-je pas dit ce que mon frère pensait de cet homme? C'est ainsi qu'il s'est conduit à

Tigré. » — Un homme qui se comporte de cette manière peut aller partout, répondit le gouverneur à voix basse.

UN VRAI RICHE.

A la porte d'une maison venait souvent s'asseoir un vieux mendiant, au dos voûté, au front chauve, au visage sillonné de profondes rides. Toutefois, quelque empreinte de souffrance que portât sa personne, la bonhomie de son attitude et la sérénité de son visage pouvaient faire penser qu'à l'exemple de saint Paul, *il avait appris à être content de l'état où il se trouvait.* Sa chemise était souvent propre, ses habits bien racommodés, et pourtant, il venait là chercher une partie de son pain quotidien. La personne qui lui remettait le pain qu'il attendait, lui dit un jour : Que Dieu vous nourrisse aussi du pain du ciel !

— Oh ! oui, répondit-il en saisissant sa main dans la sienne, de Jésus ! le vrai pain qui est descendu du ciel pour donner la vie au monde ! Et son regard s'éleva en haut dans une muette adoration d'amour et d'espérance.

Qu'il était riche, ce pauvre mendiant! qu'il était grand! qu'il était beau! Sa main serrait encore la main de sa bienfaitrice, et il lui dit en s'éloignant : merci ma sœur, merci!

Je me couche sans peur,
Je m'endors sans frayeur,
Sans crainte je m'éveille;
Dieu qui soutient ma foi,
Est toujours près de moi,
Jamais il ne sommeille.

LES COMMANDEMENTS DE DIEU.

PREMIÈRE TABLE DE LA LOI.

I. Tu n'auras point d'autre Dieu devant ma face.

II. Tu ne te feras aucune image taillée, ni aucune ressemblance des choses qui sont là-haut au ciel, ni ici-bas sur la terre, ni dans les eaux plus basses que la terre. Tu ne te prosterneras point devant elles et ne les serviras point; car je suis l'Eternel ton Dieu, le Dieu fort et jaloux, qui punit l'iniquité des pères sur les enfants jusqu'à la troisième et quatrième génération de ceux qui me haïssent, et qui fait miséricorde jusqu'à mille générations à ceux qui m'aiment et qui gardent mes commandements.

III. Tu ne prendras point le nom de l'Eternel, ton Dieu, en vain ; car l'Eternel ne tiendra point pour innocent celui qui aura pris son nom en vain.

IV. Souviens-toi du jour du repos pour le sanctifier. Tu travailleras six jours et feras toute ton œuvre ; mais le septième jour est le repos de l'Eternel, ton Dieu. Tu ne feras aucune œuvre en ce jour-là, ni toi, ni ton fils, ni ta fille, ni ton serviteur, ni ta servante, ni tou bétail, ni l'étranger qui est dans tes portes ; car l'Eternel a fait en six jours le ciel, la terre, la mer et toutes les choses qui y sont contenues, et il s'est reposé le septième jour. C'est pourquoi l'Eternel a béni le jour du repos et l'a sanctifié.

SECONDE TABLE.

V. Honore ton père et ta mère, afin que tes jours soient prolongé dans le pays que l'Eternel, ton Dieu, te donne.

VI. Tu ne tueras point.

VII. Tu ne commetras point adultère.

VIII. Tu ne déroberas point.

IX. Tu ne diras point de faux témoignage contre ton prochain.

X. Tu ne convoiteras point la maison de ton prochain, ni sa femme ni son serviteur, ni sa servante, ni son bœuf, ni son âne, ni aucune chose qui soit à ton prochain.

SYMBOLE DES APOTRES.

Je crois en Dieu, le Père tout-puissant, Créateur du ciel et de la terre, et en Jésus-Christ, son fils unique, notre Seigneur, qui a été conçu du Saint-Esprit et qui est né de la Vierge Marie. Il a souffert sous Ponce-Pilate, il a été crucifié, il est mort, il a été enseveli; il est descendu au tombeau; le troisième jour, il est ressucité des morts, il est monté au ciel, il s'est assis à la droite de Dieu, le Père tout-puissant. De là il viendra pour juger les vivants et les morts. Je crois au Saint-Esprit. Je crois la sainte Eglise universelle, la communion des saints, la rémission des péchés, la résurrection des corps, et la vie éternelle. *Amen.*

LE SOMMAIRE DE LA LOI.

Tu aimeras le Seigneur, ton Dieu, de tout ton cœur, de toute ton âme et de toute la pensée. *C'est là le premier et le plus grand commandement, et voici le second qui lui est semblable :* Tu aimeras ton prochain comme toi-même. *Toute la loi et les prophètes se réduisent à ces deux commandements.* (MAT. XXII, 37-40.)

PRIÈRES.

CONFESSION DES PÉCHÉS.

Seigneur Dieu, Père éternel et tout-puissant, nous reconnaissons et nous confessons devant ta sainte Majesté que nous sommes de pauvres pécheurs, nés dans la corruption, enclins au mal, incapababales par nous-mêmes de faire le bien, et qui transgressons, tous les jours et en plusieurs manières, tes saints commandements; ce qui fait que nous attirons sur nous, par ton juste jugement, la condamnation et la mort. Mais, Seigneur, nous avons une vive douleur de t'avoir offensé, et nous nous condamnons, nous et nos vices, avec une sérieuse repentance, recourant humblement à ta grâce, et te suppliant de subvenir à notre misère. Veuille donc avoir pitié de nous, Dieu très bon, Père de miséricorde, et nous pardonner nos péchés pour l'amour de ton Fils Jésus-Christ, notre Seigneur; accorde-nous aussi et nous augmente continnellement les grâces de ton Saint-Esprit, afin que, reconnaissant de plus en plus nos fautes et en étant vivement touchés, nous y renoncions de tout notre cœur, et que nous portions des fruits de sainteté et de justice qui te soient agréables par Jésus-Christ, notre Seigneur. *Amen.*

L'ORAISON DOMINICALE.

Notre Père qui es au cieux; que ton nom soit sanctifié; que ton règne vienne; que ta volonté soit faite sur la terre comme au ciel. Donne-nous aujourd'hui notre pain quotidien; pardonne-nous nos offenses comme nous pardonnons à ceux qui nous ont offensés; et ne nous laisse pas tomber en tentation, mais délivre-nous du mal: car c'est à toi qu'appartiennent le règne, la puissance et la gloire dans tous les siècles. *Amen.* (MAT. VI. 9-13.)

FIN.

www.ingramcontent.com/pod-product-compliance
Lightning Source LLC
Chambersburg PA
CBHW060928050426
42453CB00010B/1893